Milan Rúfus

And That's the Truth

Selected and Edited by
Milan Richter

Illustrations by
Koloman Sokol

Translated from the Slovak by
**Ewald Osers,
Viera and James Sutherland-Smith**

Edited by
David L. Cooper

Bolchazy-Carducci Publishers, Inc.
Wauconda, Illinois USA

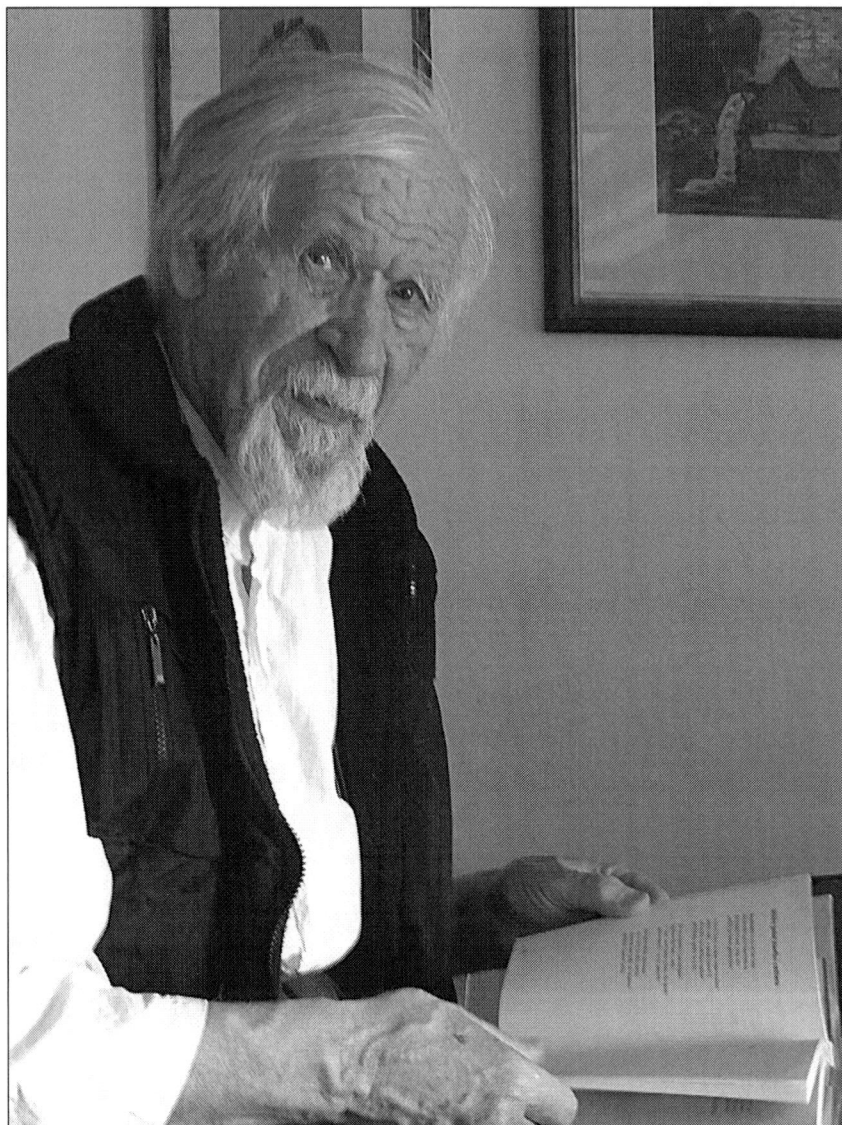

Milan Rúfus
12/10/1928–

Milan Rúfus
A to je pravda

Vybral a zostavil
Milan Richter

Ilustrácie a obálka
Koloman Sokol

Preložili
**Ewald Osers,
Viera a James Sutherland-Smith**

Redigoval
David L. Cooper

Bolchazy-Carducci Publishers, Inc.
Wauconda, Illinois USA

Editor
David L. Cooper

Cover Design & Typography
Adam Phillip Velez

Milan Rúfus: And That's the Truth / A to je pravda
Bolchazy-Carducci Publishers, Inc., Wauconda, Illinois

Acknowledgments

Poems in this book have been selected from the volumes:
Až dozrieme, V zemi nikoho, Zvony, Stôl chudobných, Hora, Hudba tvarov, Studnička, Prísny chlieb, Modlitbičky, Pamätníček, Neskorý autoportrét, Čitanie z údelu, Žalmy o nevinnej, Vážka, Jednoduchá až po korienky vlasov.
Some of the poems translated by Ewald Osers were published in *Milan Rúfus: Sister Hope (selected poems in English, German, Spanish, French, Swedish, and Italian,* 1998).

Selected and edited by: Milan Richter
Vybral a zostavil: Milan Richter

Translated from the Slovak by: Ewald Osers and Viera and James Sutherland-Smith
Preložili: Ewald Osers a Viera a James Sutherland-Smith

Foreword: Viera and James Sutherland-Smith
Predslov: Viera a James Sutherland-Smith

Bio-bibliographical note: Milan Richter
Bio-bibliografická poznámka: Milan Richter

Illustrations and cover illustration: Koloman Sokol
Ilustrácie a obálka: Koloman Sokol

This book has received a subsidy from SLOLIA, Slovak Literature Information Center in Bratislava, SAICF, Slovak-American International Cultural Foundation, Inc., Leo T. Tibensky, and Mr. William Ondris
Táto kniha vychádza s finančným príspevkom SLOLIA, Literárne informačné centrum, Bratislava, SAICF, Slovak-American International Cultural Foundation, Inc., Leo T. Tibensky, a Mr. William Ondris

English Edition © 2005 by Bolchazy-Carducci Publishers, Inc.
Slovak Text © 2005 by Milan Rúfus
Selection © 2005 by Milan Richter
Translation © 2005 by Ewald Osers and Viera and James Sutherland-Smith
Foreword © 2005 by Viera and James Sutherland-Smith
Illustrations © 2005 by Koloman Sokol (courtesy of Sokol's estate)

© 2006 Bolchazy-Carducci Publishers, Inc.
All rights reserved.

Bolchazy-Carducci Publishers, Inc.
1000 Brown Street
Wauconda, IL 60084 USA
www.bolchazy.com

Printed in the United States of America
2006
by Publisher's Graphics

ISBN-13: 978-0-86516-509-0
ISBN-10: 0-86516-509-2

Library of Congress Cataloging-in-Publication Data

Rúfus, Milan.
  [Poems. English & Slovak. Selections]
  And that's the truth / Milan Rúfus ; edited by David L. Cooper ; selected by
Milan Richter ; from the Slovak by Ewald Osers and Viera and James Sutherland-
Smith.-- 1st ed.
    p. cm.
  English and Slovak.
  Includes bibliographical references.
  ISBN 0-86516-509-2 (pbk. : alk. paper)
  1. Rúfus, Milan--Translations into English. I. Cooper, David L., 1970- II. Richter,
Milan. III. Osers, Ewald, 1917- IV. Sutherland-Smith, James, 1948- V. Sutherland-
Smith, Viera, 1958- VI. Title.

  PG5438.R8A26 2005
  891.8'71--dc22

                                                              2005004260

Table of Contents

Untitled

Let the Time for Parting be Sweet (1974)

Translators' Preface

The Central European poetry embraced by Anglo-Saxon sensibilities includes work by poets who are atypical of Central European literary traditions. The ironies of Miroslav Holub and Zbigniew Herbert meet more of a response than the more complex linguistic fireworks of Vítězslav Nezval and Jaroslav Seifert, the latter made available to the English-speaking world by our fellow translator, Ewald Osers, whose translations were a major contribution in securing Seifert the Nobel Prize for literature. However, Seifert has never been republished in English to the same extent as Holub and Herbert. Perhaps this is due to the element of surrealism in Czech "poetism" to which Seifert belonged. But perhaps more so because a poet like Seifert lives more in the fiber and texture of his language than plainer-spoken poets and is thus less easy to render in a form palatable to the empirical consciousness of the Anglo-Saxon world.

This is not to suggest that Milan Rúfus is a cousin of the Czech poetists and their Slovak siblings, the "nadrealists." However, his poetry emerges out of a preoccupation with language and its power as a vehicle of meaning and divine grace. It is said that the two dominant traditions in Central European poetry are derived either from surrealism or from symbolism, the latter represented in Slovakia by Ivan Krasko, Vladimír Roy and their successors Ján Smrek and Valentín Beniak. Rúfus has learned from these poets as his predilection for a number of archetypal images indicates. His work exists at an angle to symbolism, and it is appropriate that he has produced fine translations of the Russian, Sergei Jesenin. In this light we can recall Jesenin's arrival in Saint Petersburg and his immediate visit to the flat of Alexander Blok. As the great symbolist poet perused Jesenin's manuscript and acknowledged that the boy from Constantino had talent, Jesenin consumed a loaf of bread. Blok took note of Jesenin's appetite and suggested that he might like a plate of scrambled eggs. Jesenin accepted this greedily and everything else that the fashionable Saint Petersburg had to offer. I doubt that Rúfus would accept scrambled eggs, even supposing that he would have been pushy enough to call on Blok uninvited. However, given Slovak good manners, two or three invitations would have been necessary for him to take a slice of bread and a glass of tea. A slice of bread would have been enough for Rúfus' economical poetic temper. It is one of his major recurring symbols and an example of the realia that immediately identifies him as a Slovak poet whose work is a process of transcendence of a particular time and place.

He was born into a family of craftsmen in 1928 in the Liptov region close to the High Tatras. His father was a builder, but the rural areas of Slovakia endured a period of famine towards the end of the nineteen-thirties. This was succeeded by the privations of wartime, and even before something more than scarcity had been restored, there was political turmoil leading to the take-over by the Stalinist regime of the late nineteen-forties and early fifties. Bread, therefore, with its simple physicality and its identity as the element of transubstantiation, becomes an image of human survival and the presence of grace in even the most forbidding of circumstances. The title poem of the 1987 collection, **Prísny chlieb** (*Strict Bread*), indicates that grace itself can be severe: "...words/cut me in my gums/and I splutter." Only Ján Ondruš in Slovak poetry is able to equal the intensity of Rúfus' images of bread, and Ondruš' vision tends towards the infernal rather than the purgatorial and redemptive.

Other recurring images include the spring or well and wood as a material of human craftsmanship. The sources of water for human use recur again and again in his work, for example, in "The Well," from his most famous collection, **Zvony** (*Bells*, 1968), which captures the enchantments, both good and evil, of gazing down into a well: "Oh hoop, pail, deceiving." Bells, too, recur throughout his work. Readers from the British Isles should not expect something on the lines of John Betjeman's poetic autobiography, "Summoned by Bells," but should hear in the background the tolling of a single untuned church bell, not so much the musical permutations of tenor, alto and bass bells, but the cry of a raven. Rúfus' awareness of the complexity of the world and the difficulty of religious faith has given much of his work a gnomic character. This has been present throughout his career from the time of his first publication with **Až dozrieme** (*When We have Matured*, 1956), whose maturity astonished its readership. The astonishment might have been slightly less if he had by that time already published a number of poems which had been necessary to keep to himself. These poems appeared in collections from the mid-nineteen sixties to the early nineteen-seventies. Publishing in the nineteen-fifties would not have allowed such lines as "With a disfigured whisper / fear crawls down below" (from "After Everything" in the collection **Chlapec** (*A Boy*, 1966).

In these denser poems Rúfus resembles his older Czech contemporary, Vladimír Holan (1905–1980). Indeed, Rúfus has indicated his affinity with Holan, despite Holan's origins in the poetist movement. Holan's later work moved away from its surrealist roots and has a riddling quality, with recourse to the folk tale, akin to some of Rúfus' procedures. Surrealism adheres to a more explicit nightmare imagery than is evident in Rúfus' work, which is altogether more restrained in the way it uses the imagery of darkness. However, when Rúfus does reveal a glimpse of desolation it is all the more powerful, as in his poem "Dry Wells" from *Strict Bread,* with its terrifying final two lines:

> *And wind, dust and clay press*
> *these shelled eyeholes to the earth.*

Like Holan, Rúfus is preoccupied with the privations not of material life but of religious faith. This does not mean that he writes devotional verses or religious poems that address the reader directly with a religious question. Rúfus struggles with the near impossibility of conveying a sense of faith that does not allow a private experience into the public domain. It is a faith beset by philosophical absurdity where faith becomes an individual's cross. In this Rúfus has much in common with the great Welsh priest-poet, R. S. Thomas (1912–1998). His use of an adapted formal repertoire where rhyme is present but often unemphatic makes him akin to the American poet Louise Glück, whose work shares many of Rúfus' themes of faith and human relationship with an economical although powerful use of natural imagery. Readers from the British Isles and America will find an immensely individual and original voice, but one whose great themes are immediately recognizable.

Viera and James Sutherland-Smith

Young Sculptor (1960, 1966, 1976)

Try, Speak from the Very Beginning

To have it all behind you.
Try, speak from the very beginning. Like one
who planted, plowed, and from each furrow
even blew away the rubbish, believing
that everything else will come only afterwards.

Skús, hovor z prapočiatku

Mať čisto za sebou.
I z modlitby
raz bude mlynček. Rúchom nebohého
si onedlho poutieraš prach
na obuvi.

Čas, koho obhajuješ,
že ako svedkov zosmiešňuješ slová?
Alebo pravdy ako mliečny chrup
vypadajú a po nich nenarastie
v ústach už nič?

Mať čisto za sebou.
Skús, hovor z prapočiatku. Ako ten,
čo zasial, zaoral a z každej brázdy
i smeť odfúkol, uveriac,
že všetko ostatné až potom príde.
Skús. Budeš smiešny.

Ale už iba smiešni
sú v poriadku.

TRY, SPEAK FROM THE VERY BEGINNING

To have it all behind you.
Even a prayer will one day
yield a small mill. With the vestments
of a dead man you'll soon dust off
your shoes.

Time, whom are you defending
that you ridicule words as witnesses?
Or do truths fall out like milk teeth
and after them will nothing more
grow in a mouth?

To have it all behind you.
Try, speak from the very beginning. Like one
who planted, plowed, and from each furrow
even blew away the rubbish, believing
that everything else will come only afterwards.
Try. You will be ridiculous.

But only the ridiculous
have still got it together.

Rodinovi milenci

Tak to je láska:
dláto Sochárovo.

A kameň, ktorý za život
neriekne ani slovo,

odrazu spieva.

RODIN'S LOVERS

So this is love:
the Sculptor's chisel.

And stone, which in its whole life
does not utter a single word,

suddenly sings.

Rozlúčenie

Mám ústa plné tvojich úst.
Mám dlane plné tvojich dlaní.
V lebke jak vietor v roklinách
mi šumí hlas tvoj rozvzlykaný.

Odpusť, tak odpusť. Skončené.
Stud ostrú čepeľ do mňa tasí.
Vo chvíli toľko tušenej,
že kríž môj vidieť musela si.

A hoci teplom záludným
nás plachá nádej vo snách hreje,
ten, kto ti povie: zabudni,
je pravdivejší od nádeje.

Deň, ktorý tepe do zmyslov,
jak rozvíril, tak stíši boje.
Z úst zlíže penu horkých slov
a z tváre oheň slzy tvojej.

PARTING

My mouth with your mouth, full.
My hands with your hands, full.
Your sobbing voice murmurs in my skull
like the wind in the chasms.

Forgive, so forgive. It's finished.
Shame draws its sharp blade within me.
In a moment so intuited
that you had to see the cross I bear.

And though with a furtive heat
a timid hope warms us in our dreams,
whoever tells you to forget it
is more truthful than hope.

The day that hammers into the senses
will calm the strife the same way as it stirs.
From lips it licks the foam of bitter words,
from the face the fire of your tears.

Stretnutie na Ringstrasse

Neznáma reč mi blízkou hudbou znela
z jej úst a tiekla pomaly,
krúžila vôkol bezradného čela.
A potom sme sa bozkali.

Zašumel gaštan teplou nocou nemou.
Zvonili v diaľke tramvaje.
Zem, Bože, všade láskavou je zemou.
A žena všade krásna je.

Jak v búrke klas sa na rameno schýli,
jak premožený, plný klas.
Hodiny z veží desať hodín bili
a ktosi prešiel popri nás.

Pohliadol, postál na stíchnutej ceste.
Potom sa usmial zďaleka.
Ale ja nikdy nevidel som ešte
tak trpko smiať sa človeka.

A odišiel, šiel, dvadsaťosemročný,
podivne kloniac ramená.
A po dlažbe mu dlhým tichom nočným
klopkala noha drevená.

MEETING ON THE RINGSTRASSE

Speech unknown to me, yet familiar music, sounded
from her lips and slowly flowed,
circled round my bewildered brow.
And afterwards we kissed.

A chestnut rustled in the warm, mute night.
Trams chimed some way away.
The earth, Lord, everywhere tender is the earth
and a woman everywhere is lovely.

As in a storm an ear of wheat is bent on the stalk,
a vanquished, ripe ear.
In the tower the hour of ten was struck
and someone passed us by.

He glanced, paused in the muted street,
then from a distance smiled.
But never have I seen
anyone laugh so bitterly.

And he left, a twenty-eight-year old,
oddly inclining his shoulders.
And over the cobbles through the long night silence
his wooden leg clattered.

Zbohom, pán Baudelaire

Nie, krásna Dorothea.
V takýchto nociach nerodia sa básne.
V takýchto nociach kvitnú fleurs du mal,
zelené, divé ako vaše oči.
Nie, nebudem hrýzť vaše husté vlasy,
nebudem žuvať vaše vrkoče.
Ja som dnes videl, krásna Dorothea,
ako sa oceľ života
v najtvrdších rukách zvíja.
V čudesnom horoskope hviezd,
čo svietia v ľudských očiach,
poznal som, čo je zúfalstvo
a čo je poézia.

A preto nechcem.
Nemôžem
rozbíjať báseň ako lodičku
na ostrých hrotoch vašich pŕs,
hlboko pod hladinou vašich nocí,
černejších ako vaše vrkoče.

Hľa, milióny ľudí mojej krvi
ryjú zem,
sadia,
polievajú,
do gombíkových dierok nad srdcom
si zapichujú
kvety dobra.

GOODBYE, MONSIEUR BAUDELAIRE

No, my fair Dorothea.
On nights like these no poetry is born.
On nights like these bloom the *fleurs du mal*,
as green and wild as your eyes.
No, I'll not gnaw upon your thick tresses.
I will not chew upon your braids.
Today, fair Dorothea, I have seen
how the steel of life
writhes in the hardest hands.
In the eerie horoscope of stars
that shine in human eyes,
I came to know what despair is,
and what is poetry.

That's why I do not want to.
That's why I cannot
break up a poem like a small boat
on the sharp peaks of your breasts,
deep beneath the surface of your nights,
nights blacker than your braids.

Behold, millions of people of my blood
plow the earth,
plant it,
water it,
and into the button-holes above their hearts
stick
the flowers of good.

Po všetkom

Ticho jak pred stvorením.
Dym jazdí po strechách.
Šepotom znetvoreným
sa plazí po dne strach.

Zlomený cez náručie
ten jeho ťažký tieň.
Hodiny bubnujúce
v čeľustiach hryzú deň.

Na naše spánky sneží.
Bez múk a bez taju.
Zobáky úzkych veží
v oblakoch kľuvajú.

Ešte to mokvá vo sne
z rozťatých objatí.
Koleso neľútostné,
ktože ťa obráti?

AFTER EVERYTHING

Silence as before creation.
Smoke drives over the roofs.
With a disfigured whisper
fear crawls down below.

Broken across arms
is his heavy shadow.
Clocks drumming
grind the day in their jaws.

It snows on our brows.
Without torments or secrets.
Beaks of narrow towers
peck at clouds.

It still oozes in a dream
from severed embraces.
Pitiless wheel,
who will turn you back?

Tesári

I prerúbať,
i prerúbať sa do krásy,
môj Bože.

Sekerou.
Ako v januári
sa rúbe studnička:
až po hladinu
s kamienkom na dne,
očkom v prsteni.
I sekerou.

A nožom krstený
tvár samá drobná jazva,
pod údermi krásnie.
I sekerou.

Ach, duša bubeníka,
tlčúca päsťou na vysoký prah básne,
bolo ti otvorené!

CARPENTERS

To hack through,
to hack through into beauty,
my Lord.

With an axe.
As in January
a well-spring is hacked through:
down to the surface
with a stone in its depths,
with a gem in a ring.
Even with an axe.

And christened with a knife,
a face all tiny scars,
beautifies beneath the blows.
Even with an axe.

Oh, drummer spirit,
striking with a fist on the poem's high threshold.
It was opened for you!

Čo je báseň

Položiť na stôl presné ako chlieb
alebo voda. Alebo
medzi dva prsty soli. To je báseň.

A nestúpať si pritom na päty.
Tým menej na špičky. Mať čas. Z hlboka
vytiahnuť okov a rovno na prameni
si nepostaviť krám, ba ani chrám.

Až budú pstruhy tiahnuť Jordánom,
nekúpiť prút a vedieť, že sa rieka
neskladá z rýb.

Že o to jej je viac,
o čo je báseň väčšia od slova.

Nie kameň.
Socha. Žena Lótova—
to je báseň.

WHAT IS A POEM

To place it on the table just like bread
or water. Or
between two fingers salt. That's a poem.

And at the same time not to walk flat-footed.
Even less so on tiptoes. To have time. From the depths
to draw up a bucket and not to build a shop
on a fresh spring, or even a shrine.

Until trout head up the river Jordan,
not to buy a rod and to know that a river
does not contain just fish.

That there is more to it than that,
just as the poem is greater than the word.

Not a stone.
A statue. Lot's wife—
that's a poem.

Ustanovenie za básnika

J. Mihalkovičovi

Za dávna,
keď piesok ešte tiekol,
pristavil ho Boh.
A Boh mu riekol:

—Odkiaľkoľvek si,
si moje dieťa.
Budeš nosiť teplo ľuďom sveta.

Ale schádzať musíš po slová
do hlbokej sloje domova.

ORDINATION FOR A POET

(for Jozef Mihalkovič)

Long ago
when sand still flowed,
God stopped the poet.
And to him said:

"Wherever you come from,
you are my child.
You will bring warmth to the world.

But for the words for each poem
you must enter the deep seams of home."

Kratučký príbeh

Pozdravilo ťa mladé dievča.
A ako si len dlho z toho žil.
Z jej vľúdnej krásy,
z jej devätnástich rokov. Potešený,
že ešte ktosi, ešte ktosi taký
skladá sa na teba čo odrobinkou
z požehnaného stola, kam už nepatríš.
A šli ste svetlejší.
Ty a tá tvoja tíš.

VERY SHORT STORY

A young girl greeted you.
And how long you have lived off that.
From her kindly beauty,
from her nineteen years. Heartened
that someone still, someone like that has still
saved for you a crumb
from a blessed table where you no longer belong.
And both of you have gone on more luminous.
You and your little hush.

Centaur (1979)

Childhood Bells

There always comes the day when children swallow
the key to the door of secrecy. They'll not return it.

Krajina detstva

Krajiny sú. O túto požiadaj
iba vo sne. A nestúp nohou, padneš.

To akoby si, čierny pasažier,
zo svojho času ako z lietadla
chcel vystúpiť a rovno na obláčik.
Prisahajúc, že unesie
to ťažké, ktorým si,
to navždy bez krídel.

A zatiaľ je to oltár. Iba oltár.
A pánaboha nikto nevidel.

Ale čo na tom záleží,
z akého kameňa je socha.

Tu kameň nie je kameň,
je myšlienka. Tak postoj.

A potom choď a ži.

CHILDHOOD LANDSCAPE

Landscapes exist. This one you ask for
in your dreams alone. Don't enter, you'll fall.

It's as if you, a stowaway
tried to step out of your time
as though from a plane, straight onto a cloud.
Swearing that it will carry off
the heaviness that's you,
your winglessness forever.

But it's an altar for now. Just an altar.
And no one's seen the Lord God.

Besides what does it matter
from what stone the sculpture's carved.

Here stone is not stone,
it's a thought. So stop for a moment.

Then go and live.

Zvony detstva

Vždy príde deň, keď deti zjedia kľúč
od dverí tajomstva. Už ho nevrátia.

Už ho nevydajú, už v nich zapadá
čo deň to hlbšie a neprekročia prah
zavretých dverí už nikdy viac. Tú čiaru,
za ktorou jedenie sa stáva vedením.

Už nikdy viac. A z ukradnutých zvonov
špina čas razí falšované mince
a kupuje, čo z detí ostalo.

Tak umierame všetci pred tou bránou.
Tak na Hromnice občas mrznú psíky:
v mrazivej noci na prah kladú hlavu
a oči stále na kľučke...

CHILDHOOD BELLS

There always comes the day when children swallow
the key to the door of secrecy. They'll not return it.

They won't hand it back, already it's sinking
deeper in them each day, they'll never again
cross the threshold of the closed door. The line
beyond which eating turns to knowing.

Never again. And from the stolen bells
that bastard time strikes false coins
and buys what's left of the children.

Thus we all die before that gate.
Thus on Groundhog Day sometimes the dogs freeze:
in the frosty night they lay their heads on the threshold,
their eyes constantly on the keyhole on the door...

Okno

Okienkom, úzkym ako obolus
pod jazyk mŕtveho, si uvidel
krajinu detstva. Na zaprášených sklách
jak na psej koži pergamenov čítal
svoj rodokmeň.

Ach, áno, si to ty.
Vieš, odkiaľ ideš. Vieš, ako sa voláš.
A to je všetko. Slza čistoty
na tmavej tvári prázdna dookola.

Málo, či veľa?
Čo odpovieš?

Že deti pred usnutím
špičkami prstov aspoň chcú sa dotknúť
matkinho tela.

THE WINDOW

Through the small window, narrow as an obol
under a dead man's tongue, you saw
your childhood landscape. On dusty panes
as on a dog-skin parchment you read
your family tree.

Ah yes, that's you.
You know where you're coming from. You know your name.
And that is all. A tear of purity
on the dark face of emptiness all around.

Not much, or quite a lot?
What do you say?

That children, as they fall asleep
try with their fingertips at least to touch
their mother's body.

Ibaže sú deti...

Čo tuším občas, nechám radšej tmám.

Aká nás ešte čaká bolesť? Kde sa vynorí
z hlbiny dňa či noci? Z akej chvíle
vytryskne náhla a taká samozrejmá,
akoby bola odjakživa tam?

Veľmi sa bojím, že miera Tvojho hnevu
sa naplnila, Pane. A že v Sodome
už nieto spravodlivých.

Ibaže sú deti.
Ako naložíš s deťmi? Ako príroda,
čo jakživ plytvá mláďatmi, keď svedčí
vo vlastný prospech?

No Ty si od nej väčší.
Práve väčší
tým menej môžu, o čo viacej smú.

Radšej mi z očí nesnímaj tú tmu.

YET THERE ARE CHILDREN...

What I sometimes sense, I'd rather leave to darknesses.

What hurt still awaits us? Where will it emerge
from the depths of days or nights? From what moment
will it spring out so suddenly and so obvious
as though always there since time out of mind?

I am so afraid, Lord, that the limit
of Your anger has been reached. And that in Sodom
there are no longer any of the righteous.

Yet there are children.
How will you deal with the children? As nature does
which always squanders the young when it bears witness
on its own behalf?

You are greater than this.
And, truly, it is the greater
who can do the less, the more they are permitted.

I'd rather you did not lift this darkness from my eyes.

Studňa

Okno, ó údivu, z hlboka vychodiace.

Koľkokrát s hlavou na zrube
skúmal som tvoje premenlivé sklá.
A striehol Boha za nimi
alebo diabla. (Tušiac už,
že spojení sú ako obrázky
na hracích kartách.)

Studňa.
Ja som sa pýtal, ty si mlčala.
Vydala si len žabku.
Tvoje kamene,
vždy potiahnuté zeleným
ako stôl najvyššieho súdu,
sa leskli. Striešku vydala
si nad sebou. A hlavu zvedavého
niesla si ako Salome
na lesknúcej sa mise.

Okno na dome
nikoho! Čo som chcel tebou vidieť?

Kam?
Nevediac, že okno býva oknom
len pre tých vnútri.
Že Boh sa zhora díva
do okien ako do studní
a práve takto háda, čo je v nás.

Ó, obruč, okov, prsteň záludný.

THE WELL

Window of wonder emerging from the deep.

How many times with my head on the coping
have I studied your shifting lenses.
And made out God behind it
or the devil (already sensing
them joined like the pictures
in a pack of cards.)

O Well,
I inquired, you were silent.
You let out only a little frog.
Your stones
always covered with green,
like a high court bench,
glittered. You let out a little roof
over yourself. And my curious head
you carried like Salome
on a gleaming dish.

Window in the home
of nobody! What did I want to see through you?

Where to?
Not knowing that a window works as a window
only for those within.
That God looks down from above
into windows as into wells
and this way divines what is within us.

O hoop, pail, deceiving ring.

Kolíska spieva deťom

Čo je vždy pred nami
z toho, čo bolo už?

A čo už nebude
a umierame naň?

Ty, dnes už neznámy,
povedz mi, čo to hľadám
pod tvojím oknom ako detská dlaň?

Chudobu čistú?
Plienočku snehobielu?

Plienočku ako lístok skorocelu
som prikladal na čierne pred očami,
opustené a bez mena?

Ona mi z diaľky hovorila: Človek.
Kričal som: Čo to znamená?
Odpovedz!

Iba zašumeli hory.
Zašepotali staré ohniská:

Mlč! Za vás, spiacich,
pod vami prehovorí
hlinená kolíska.

A CRADLE SINGS TO CHILDREN

What is always ahead of us
from what has already been?

And what will be no more
of which we are dying?

You, today already a stranger,
tell me what it is I seek
under your window like the palm of a child's hand?

A pure poverty?
A snow-white nappy?

Have I placed a nappy like a plantain leaf
over the dark before my eyes,
abandoned and without a name?

She spoke to me from the distance: Man.
I cried out: What does this mean?
Answer!

Only the forests hummed.
The old hearths whispered:

Silence! For you, who sleep,
a cradle of clay
will speak from under you.

Chlapec

Rozprávka trpkastá
jak mladé víno šuští.
Zamrzli jazerá.
Lekno v nich nekvitne.

Kde bolo, tam bolo,
žil človek tichoústy.
O láske zaspieval.
A dostal—prepitné.

A BOY

A bitterish tale
like young wine fizzing.
The lilies bloomed no longer
and the lakes had frozen.

Once upon a time
there lived a man, tight-lipped.
He sang of love
and gained as his reward a tip.

Chlapec maľuje dúhu

I slepučká
jak holúša,
i nežná,
i nevedome trúfalá,
podobnú soli, jej som cenu neznal,
mi láska bolesť núkala.

A temnel deň
a jeho sivé kone
šľahala úzkosť zbesilá.
Skladala báseň krídla v prázdnom lone
a smutným rýmom hrešila.

No z mútnych vôd
tak pije letná dúha
jak dnes môj pokoj z mojich žíl.
Odpusť mi,
radosť,
ak som sa ti rúhal,
než som sa ľúbiť naučil.

A BOY PAINTS A RAINBOW

Blind, too,
like a fledgling,
and tender
and unconsciously brazen,
love offered me pain;
like salt, I didn't know its worth.

And the day grew dark
and a mad anguish whipped on
the day's gray horses.
The poem folded its wings in an empty lap
and with a sad rhyme sinned.

Yet from murky waters
the summer rainbow drinks
just as my repose from my veins today.
Forgive me,
joy,
if I blasphemed you
before I learned to love.

Sculptor (1952)

Poems for Zuzanka

At last, through you was my little dream fulfilled.
You yourself are my little dream.
And I warm myself in its sunshine
leaning above your album.

Vyšívaný ručníček

Veronika, Veronika,
povedz nám, ty prečistá,
kedy deti vyšívajú
pestrý ručník pre Krista?

Na kríž dieťa ešte nemá,
nevidelo to, čo ty.
Býva bližšie Betlehema
ako smútku Golgoty.
Hľadá to, čo detské hlavy
nebolí a neblíži.

Ježiš mu je ešte tmavý,
keď sa trápi na kríži,
chveje sa, či neporania
Jeho rany maličkých.

Až na sviatok Zmŕtvychvstania
vyšijú Mu ručníčky.

AN EMBROIDERED VEIL

Veronika, immaculate Veronika,
when do children make
an embroidered veil
for Jesus Christ's sake?

Children as yet do not know the Cross,
they have not seen what you have.
Closer to Bethlehem they live
than to Golgotha's loss.
They seek and try to find
what does not hurt their childish minds.

Jesus is too dark for them
when He suffers on the Cross,
He trembles that His wounds will harm
the understanding of the very young.

Only on the Resurrection feast
will they embroider Him a veil.

Spánok spravodlivých

Spíš dolu tvárou,
dýchaš do hlavničky.
Ovečka v tráve spáva tak.
Jej vlastnou vlnou tma ju pomaličky
prikrýva... A sen ako vták
vesluje ponad unavené kvety.

Lebo aj kvet sa unaví
a obchádza ho tichý spánok svätých.
Hlavičku zvesí do trávy,
spomína na to, čo si vo dne nažil,
sen sa mu vkráda pod viečka.
A lúka svoje spiace deti stráži.

Ja som lúka—a ty si ovečka.

THE SLEEP OF THE JUST

You sleep face down,
you breathe into the pillow.
A lamb sleeps like this in grass.
Slowly with its own wool darkness
covers it... A dream hovers
like a bird above tired flowers.

For a flower, too, is tired
and the quiet sleep of the saints tiptoes around it.
Down to the grass the flowerhead droops
recalling what the day has brought,
a dream sneaks beneath each eyelid.
And the meadow guards its children as they sleep.

I am a meadow—and you are the lamb.

Zázračné hríby

Mával som sen, že chodím po lúčke
plnučkej, plnej hríbov.
Veď všetko býva celkom prostučké,
kde zázrak nie je chybou,
všetko sa dá na Božom výslní
a nebu pod malíčkom.

Prešli roky, môj čas sa naplnil.
A sníček ostal sníčkom.

Až si mi ukázala po čase,
kde zázrak nie je chybou.
Zas je to prosté: chodím v úžase
po lúčkej plnej hríbov.

Až tebou sa mi sníček vyplnil.
Ty sama si mi sníčkom.
A hrejem sa na jeho výslní
nad tvojím pamätníčkom.

MIRACULOUS MUSHROOMS

I'd dream I was walking in a meadow
full to bursting with mushrooms.
Indeed everything is so simple
where a miracle is no error,
everything possible in God's sunshine
and under heaven's little finger.

Years have passed, my time draws to its close.
And the little dream has remained a little dream.

Till you have shown me in time,
where a miracle is no error.
Again it's just simple: I walk in wonder
through a meadow full of mushrooms.

At last through you was my little dream fulfilled.
You yourself are my little dream.
And I warm myself in its sunshine
leaning above your album.

Otcovská samomluva

A teraz, láska,
ocko pekne prosí—
nechaj ho chvíľku samého.

Samému sebe
možno riekne čosi,
čo iba Boh vie na neho.
Riekne tak ticho, že šepot bol by krikom.

Kto nás kde celých rozpovie?
Ticho pred básňou
a ticho za básnikom.

Viac vie len Boh.
Len On to vie.

A FATHER'S SELF-COMMUNING

And now, darling,
Father asks you nicely—
to give him a moment to himself.

Perhaps he'll recite
something to himself
that only God knows about him.
He'll recite so quietly that a whisper would be a shout.

Who could ever tell the whole of us?
Silence before the poem
and silence behind the poet.

Only God knows more.
Only He knows.

Kvety ostanú

Kytica kvetov
a traja smutní vtáci.
Čo je to, drahá?
Spev, či balada?
Aj dieťa občas opýta sa v plači,
ako to s nami osud nakladá.

Láskavá moc však nad ním ruku drží,
neodoprie mu svoju ochranu.
Rýchlo mu uschnú vytrysknuté slzy.
Odletia vtáci.
Kvety ostanú.

FLOWERS REMAIN

A bouquet of flowers
and three sad birds.
What's this, darling?
A song or a ballad?
Even a crying child will sometimes ask
why destiny takes us to task.

Yet a loving power above keeps close watch,
its protection will be sustained.
Tears that spring out are quickly staunched.
Birds fly away.
Flowers remain.

Ako sa pije zo studničky

K studničke musíš kľaknúť.
Inak by si
nevedela z nej živú vodu piť.
A namáčaš si do jej modrej misy
ústa i čelo.

Musíš odstúpiť
dva kroky od nej,
aby tvoja hlava
doľahla presne do jej jamôčky.

Potom ju piješ.
Ona sa ti dáva.
Ak už nie navždy,
aspoň na rôčky.

Tak piješ:
kľaknúc pred ten dúšok sladký.
A smäd i vďačnosť
sú tu z jednej matky.

HOW TO DRINK FROM A SPRING

You have to kneel to a spring.
Otherwise
you won't know how to drink the living water.
And in her blue bowl you'll moisten
your lips and forehead.

You have to step
two paces away from her
so that your head
will fit exactly in her nook.

Then you may drink.
She'll give herself to you.
If not forever
at least for some years.

Thus you drink
kneeling before that sweet draught.
Thirst and gratitude here
are from the same mother.

Básnik sa modlí za deti

Nevedia prečo,
no veľmi im to treba.
A možno ešte viacej ako chleba.
Aby im v duši pusto nebolo.
Aby ich mali radi okolo.

Aby im bolo mäkko
ako v mame.
Keď bolia veci, ktoré nepoznáme,
tu každé dieťa,
plaché ako laň,
na hlave musí cítiť teplú dlaň.

Bože,
o takú dlaň Ťa ľudské mláďa prosí.
V čase, keď ešte ani nevie, Kto si.

Našiel Ťa hore ten džavot tenkých hláskov?

Našiel. Dal si im liek.
A nazval si ho láskou.

A POET PRAYS FOR CHILDREN

They don't know why,
but they have so much need.
Perhaps even more than for bread.
Not to feel abandoned.
To be loved by those around.

For it to be soft
as in a mother.
When things we don't know cause pain,
here every child
shy as a hind
must feel on their heads her warm hand.

Lord,
for such a hand You are begged by young mankind.
In a time when You are hardly in their mind.

Has the chirping of thin voices found You up above?

It has. You've given them a remedy.
And its name is love.

Modlitba za Slovensko

Viem jedno miesto.
Rád ho mám.
V ňom ako v Božej sieti
je mnoho otcov, mnoho mám
a mnoho, mnoho detí.

To hniezdo uvil Stvoriteľ.
A sám aj určil komu:
koho tam pozve prebývať
do človečieho domu,
kto bude smieť si odomknúť
i zamknúť jeho bránu,
kto pluhom krájať ako chlieb
zem, Bohom darovanú.

Viem jedno hniezdo, rád ho mám.
Hreje ma dňom i nocou,
vystlané mäkkou vravou mám
a mozoľami otcov.

Môj dobrý Bože, zhliadni naň.
Stráž nám ho neustále.
Ach, aspoň Ty ho, Veľký, chráň,
keď si ho stvoril malé.

PRAYER FOR SLOVAKIA

I know a nest.
I like it well.
In it, as within God's net,
are many fathers, many mothers
and too many children to tell.

This nest the Creator wove.
He alone determined whom
he would invite to come and live
there in the human home,
who would be allowed to unlock
and lock his gate,
who would cut the earth that God had granted
with a plow—like bread.

I know a nest, I like it well.
It warms me day and night,
woven by the discourses of mothers
and calluses of fathers.

My dear Lord, watch over it.
Guard it forever so it will not fall.
Oh, at least You, so great, protect it
since You have made it small.

Paralytic/Merciful Samaritan (1938)

Bread of the Poor

*In a land where the wind alone removed from the Cross
a man often came with a nail in his palm.
With it they nailed him to the land he loved.
Thus he lived, thus he died.*

Matka

Po strmých schodoch do neba
stúpajú matky. Jednou rukou v chlebe,
tou druhou pripaľujú sviečočku
pod nosom najmladšieho.

A po všetkom, keď už sa stáva z nich
len pláštik spomienky, na odchod prehodený
cez plece samôt
—vždy ešte matky a dávno už nie ženy—
košeľu veľkých smutných detí pohladia
tak náruživo ako v baladách

pohládza milá milého
šabličkou, šabľou sťatého...

MOTHER

Up the steep steps to heaven
climb the mothers. One hand in the bread-dough,
the other lighting a candle
under the nose of their youngest.

And when it's all over, when they've become no more
than a cloak of memories thrown for departure
over the shoulders of solitudes—
forever mothers but long since not women—
they caress the shirts of their grown sad children
as passionately as in ballads

a lass caresses her late beau
who was beheaded by a blow...

Pieta

Zapadané je miesto na lone,
kde sedávalo dieťa.

Skrotla neha.
Už bojazlivo
ako zvieratko
deň čo deň chodí v kruhu za ohradou,
medzierku hľadá v čase
vymedzenom
pre samé drsné veci.

Chvíľkami prestrojí sa do tónu.
A v jeho maske vyzná, čo sa nedá
povedať slovami
a za dňa,
čo spolu krútia mlynský kameň chleba.

Tu iba mlčí, odložená,
tichučká ako voda v pohári.

A jeho pot jej tečie po tvári.

PIETÀ

Neglected is the place on her lap
where the child used to sit.

Tenderness has been tamed.
Timidly,
like a small beast
it now walks in a circle round the fence,
seeking a gap in the time
reserved
for the harshest things.

At times it changes into a tone.
And in this mask confesses what one cannot
speak out in words
or in daylight,
that together they turn the millstone of grain.

And then it's mum, cast aside,
quiet like water in a glass.

And his sweat runs down her face.

Október

Ako sa z matky ťahá kozliatko,
tak láskavo sa musí vyberať
zo zeme zemiak.

Zvoľna, hlboko
putuje ruka do tmavého hniezda
a nahmatá.

A ako náruč pritom
rozpriahne prsty, ktoré za nechtami
ponesú smútok čiernej matere
nad potomstvom, tak rýchlo strateným.

A zemi bude prázdno na zemi.

OCTOBER

Just as a kid is drawn out of its goat mother,
so must a potato be lovingly
pulled from the earth.

Slowly, the hand travels
deep into the dark nest
and feels around.

And, like an embrace, it spreads
its fingers, which under their nails
will bear the grief of the black mother
over its progeny, so quickly lost.

And the earth will feel empty on this earth.

Božia muka

Akoby padák, ktorým zoskočil
odnikiaľ, zachytil sa mu v konároch,
nad zemou visí Boží výsadok.

Plechový Ježiš Kristus. Urobí
ten závratný a nepatrný krôčik
z gýča do veľkosti.

Maličkí včelí anjeli
mu prespevujú, jak im dáva na med.
Z kvetenstva lipy, zasadenej pre neho—
a na otázku, ktorá
je od začiatku múdrejšia
než odpoveď.

Ach, naše odpovede
rýchlejšie starnú ako otázky.
A ťažky nám je, Pane, priťažký
ten padák oblohy, v ňom visíš.
Tak to je.

Len Tvoje včeličky si prídu na svoje.

A WAYSIDE CRUCIFIX

As if the parachute by which he dropped
from nowhere had caught in the branches,
God's skydiver hangs suspended above the ground.

A tin Jesus Christ. He'll take
that vertiginous and imperceptible step
from kitsch to majesty.

Tiny bee-angels sing to him
as he provides them with the makings of honey.
From the flowers of a lime-tree planted here for him—
and with the question that
is from the outset wiser
than the answer.

Oh, our answers
age more quickly than our questions.
And heavy, Lord, too heavy for us is
that parachute of sky in which You hang.
That's how it is.

However, Your honey bees will come into their own.

Vrásky

Aj úsmev spraví jazvu
okolo úst. A spánok
odtlačky drobných prstov zanechá,
jak na dobrú noc zatváral nám oči.
Čo potom s bubnami, ak už i husle
odkladajú si svoje tenké struny
na ľudskú tvár? Čo cval a prívaly?

Komu to všetko? Kto si prehrá
tvár ako starú platňu?
Ihlu položí
láskavo do jej rýh
a počuje
hlas svojho pána...?

LINES

Even a smile will leave a scar
around the mouth. And sleep
will leave the imprint of its tiny fingers
as it closes our eyes to say good night.
But what about drums if even violins
lay down their tender strings
upon the human face? What about gallops and torrents?

And who is all this for? Who'll play
the face like some old record?
Put a needle down
tenderly into its grooves
and listen to
his master's voice...?

Snímanie z kríža

V kraji, kde iba vietor snímal z kríža,
prichádzal človek s klincom na dlani.
Ním pribili ho k zemi milovanej.
Tak žil, tak umieral.

A všetko je už preč.
Klinec i kríž. Zem, nie už milovaná,
neprijíma. Zem nikoho. A zvyk
poháňa ešte ťažkú od nej dlaň.

Kríž chudoba. Len spomenie si naň
básnik. A niečo tuší. Šepká si:
„I snímajúc ho z kríža, zabili ho."

Ale i on je mŕtvy. Nekričí.
A bojí sa, že nevie.
A bojí sa, že vie.

DEPOSITION FROM THE CROSS

In a land where the wind alone removed from the cross
a man often came with a nail in his palm.
With it they nailed him to the land he loved.
Thus he lived, thus he died.

Now everything is gone.
The nail and the cross. The land, no longer beloved,
does not receive. No man's land. And habit
is still driving off the palm, heavy with earth.

The cross of poverty. Only the poet
recalls it. And he surmises something. He whispers to himself:
"And while deposing him from the cross they killed him."

But he too is dead. He does not scream.
Afraid he does not know.
Afraid he knows.

Poďakovanie za úrodu

Nerieknuc slovo,
vyriecť všetko.
Veď tvár Boha je nemá.
Vy, výpovede malých svedkov,
ste chválou Jeho mena.

Bez slov a len tak mimochodom
si načrieť z Jeho diela.
A potom zasa ďalej o dom
jak motýľ lebo včela—
to smie len dieťa.
Hlások Boží
v ňom bezstarostne zaznie.

No Mozarta to časom zloží.
A van Gogh z toho zblaznie.

THANKSGIVING FOR THE HARVEST

Without speaking a word
to express everything.
Indeed the face of God is dumb.
You, the testimony of little witnesses,
are praise of His name.

Without words and just in passing
to draw from His work.
Then to go on one house farther
like a butterfly or bee—
only a child is allowed to be so bold.
The little voice of God
resounds there, glad.

Yet in time it will lay Mozart out cold.
And from it van Gogh will go mad.

Traja Kraly (The Three Kings) (1933)

To Bear a Burden and to Sing

We do not know, we only learn to know.
How to wind a watch.
How many bones a whale has. Even a poem.
Oh, every little hair on beauty's body
thrice counted. But what use, what use?

Človek

Do koša chytáš, z koša vytečie.
Bláznivý rybár, múdry človeče.

Vodu si lovil, sám podobal sa vode.
Vždy pred odchodom v tej troške po príchode.

Nevedel nikdy, kam to povedie.
Zem prijímala tvoje spovede.

I tvoje kliatby, keď z pluhu ako z klina
pršali iskry. Žil, nevedel si inak.

A tvoje veci ako pomníky
hovoria: Bol. Bol smiešny? Veliký?

MAN

You caught with a basket, from the basket it ran.
A crazy fisherman, you, a wise man.

You were fishing for water, being its kin.
Always ready to leave after just stepping in.

You never knew where it would lead.
The earth alone your confessions received.

Also your curses, when sparks from the plow,
as from a chimney, flew. You lived as you knew how.

And your belongings, like memorials, state:
He was. Was he silly? Was he great?

Sloboda

Všetko je tu už pred tebou. I ty.
Sekera v kláte, pevne zaťatá.
A voda v studni.

Defenestrovaný
už predtým, než si vládol,
vo výslužbe už predtým, než si žil,
posunuješ si svoje malé vláčiky
pozorne, aby sa nám nestalo
veliké železničné nešťastie.

Oddávna vieš, že musíš prijať hru.
Je príliš vážna.

A čo je pravda? Hraj,
ži, môj Quijote, už sa nepýtaj.
A neutekaj. Hraj, lebo sa stane
veľké nešťastie.

FREEDOM

Everything is here ahead of you. Even you yourself.
The axe in the block, firmly lodged.
And water in the well.

Defenestrated
even before you began your reign,
retired even before you lived,
you move your little trains about
with care, so that we won't have
a great railway disaster.

You've known all along that you'd have to play the game.
It is too important.

And what's the truth? Play on,
and live, my dear Quixote, ask no more questions.
Don't run away. Play on, or else
there'll be a great disaster.

Údel

Ofačovaná hlava
Guillauma Apollinaira
vymýšľa báseň.
V zabudnutí tela
za tebou sme šli, údel,
a tŕň v chodidle
sme necítili. Mozoľ na dlani
patril k nej ako šiesty prst a bez neho
nebola naša.

Tak ovíja sa telo,
prilieha. Ako podkovu
nás ohýbajú na mieru
neuchopiteľného.

A prosíme si o to.
Auguste Renoir
sa priväzuje o štetec:
Na chvíľku ešte, Bože,
uviaž nás aspoň na chvost
trójskeho koňa.

DESTINY

The bandaged head
of Guillaume Apollinaire
thinks up a poem.
In bodily oblivion
we followed you, destiny.
and we didn't feel
the thorn in the sole. The callus on our palm
belonged to it like a sixth finger and without it
it wasn't ours.

Thus the body winds upwards,
clings. We're being bent
like a horseshoe on the scale
of the unapprehendable.

And we ask for it.
August Renoir
ties himself to his brush.
For one more moment, Lord,
tie us at least to the tail
of the Trojan Horse.

Michelangelo

Niesť bremeno a spievať.
Ty si vedel,
kto nosí krásu na krst.
My už nie.

My nevieme, my iba poznáme.
Ako sa naťahujú hodinky.
Koľko má kostí veľryba. I báseň.
Ó, každý chĺpok, trikrát spočítaný,
na tele krásy. Čo s tým, čo s tým?

S múdrením, ktorým pribúda
ničoty ako vlčej tmy—a básnik,
zhodený jazdec, z jamky po podkove
chce stvoriť koňa.

Úzkosť, únava...
Jak deti v lese sme zablúdili v mnohom.

A krása, ktorá tykala si s Bohom,
sama sebe dnes rozpráva
zmätené, čudné veci.

MICHELANGELO

To bear a burden and to sing.
You knew
who carries beauty to its baptism.
We don't any more.

We do not know, we only learn to know.
How to wind a watch.
How many bones a whale has. Even a poem.
Oh, every little hair on beauty's body
thrice counted. But what use, what use?

What use wisdom, by which nothingness
grows like dim-sightedness. And the poet,
a thrown rider, tries from the horseshoe's imprint
to create a horse.

Anguish and weariness...
Like babes in a wood, in much we've gone astray.

And beauty, once the intimate of God,
now relates to itself alone
confused and strange things.

Krása

Kto povie, prečo
si bojovníci maľovali štíty.

Kto povie kráse,
jak hlboko je v nás?

„Tak hlboko,
tak hlboko, že smrť
plašíme tebou ako kohútom.

Neopúšťaj vo svete, zamknutom
na všetky štyri strany, básnika.

Neukazuj mu straku na kole.
Hniezdočko reči, plné lesklého..."

Smutno je s ním, smutno je bez neho.

BEAUTY

Who can tell why
the warriors painted their shields?

Who can tell Beauty
how deep she is within us?

"So deep
so deep that we frighten death with you
as with a cockerel's crowing.

Don't abandon the poet
in the world, locked in from all four sides.

Don't show him a magpie on a wheel.
A little nest of talk, full of glittering..."

There's sadness with him, sadness without him.

A čo je krása?

Čo je krása?
Je zaklínaním duchov?
Či ani to a prosto—iba úkaz?

Pár zajačikov ukryť do klobúka,
farebné perie, šál a pestré skielko
a potom spustiť staré divadielko,
to naučené,
neľahko, ale predsa
len naučené—
to je umenie?

Ten kúzelník, čo skrýva svoje triky
sám pred sebou,
a nič, nič súdené?

Nemuč sa. Netlč, kde niet odpoveď.
Bez odpovedí býva všetko prosté,
pretože ťažké.

Môj Bože, čo je krása?
Sto pokolení v zemi sní o tom.
Jediné vediac:
že dotknúť sa jej nervu
znamená
v hĺbkach pohnúť životom.

AND WHAT IS BEAUTY?

What is beauty?
Is it a spell of spirits?
Or not even that, simply—a mere occurence?

To hide a few rabbits in a hat,
colored feathers, a scarf and motley glass beads
and afterwards to put on the old show,
that which is learned,
not easily, but
still learned—
is that art?

The magician who conceals his tricks
even from himself,
and nothing, nothing destined?

Don't torment yourself. Don't knock where there's no answer.
Without an answer everything is simple,
because it's difficult.

My Lord, what is beauty?
In the earth a hundred generations dream of it.
Knowing just one thing:
that to touch its nerve
means
to move life in the depths.

Šťastie

Túla sa. Stráca podkovy.
A nevracia sa po stratené. Dosť má.

Tak nepribíjaj, blázon. Nechytaj
líštičku do železa. Sám sa chytíš.

A tancujúc s tým ťažkým na nohách,
budeš na smiech. Nikdy ti neuveria,
že to i bolí.

Jak bolí netopiera
na vrátach v lete...

HAPPINESS

It roams around. Loses its horseshoes.
Does not return for those it lost. It has enough.

So don't nail it on, fool. Don't set
an iron trap for a fox. You'll trap yourself.

And dancing with that weight on your feet
you'll be foolish. No one will believe
that it is also painful.

Painful as to a bat
on the barn door in summer...

Dialóg na každý deň

Bláznivá pošta posiela nám ženy
napoly rozbalené. Takmer presvitá
trhlina v strede. Čiarka na pohári,
po ktorú stačí mužom na opitie,
na krutosť, prienik, nehu zdivenú:

„Až po tú čiaru doplna a na ex!
A po vypití pohár o stenu."

Ony však vedia o tom. Spustia búrku,
malíčkom, ako očko na pančuche.
A celým telom spievajú:

„Kam plávaš,
opitý Noe, na deravom člne?"

EVERYDAY DIALOGUE

A crazy post sends us women
the wrapping half-undone. You almost see
the cleft in the middle. The mark on the cup
that's enough for men's intoxication,
cruelty, penetration, wild gentleness:

"Fill it to that mark and then bottoms up!
And smash the empty glass against the wall."

But they know all about it. They unleash a storm
with their little finger, like a run in a stocking.
And with their whole bodies they sing:

"Where are you sailing off to,
drunken Noah, in your leaky boat?"

Victory

Sister Hope

And if hope Morse-signals: Life,
while hopelessness outruns possible death,
the decision has been made for me—
I side with hope.

You can find me anytime
near its hidden paths.
Talking or silent.

I guard the human dream.

Hudba pod ľadom

Ono to raz na každého príde.
Príde k nám a príde za vami.
Že si hlavu v náhlom osamení
poťažkáva človek na dlani.

Verné veci mlčia. Zem i lesy—
všetko si ťa ticho spomína.

A ty sám v tom tichu spoznáš, že si
hlbina.

MUSIC UNDER THE ICE

It comes to everyone once.
It comes to us and it comes to you.
That suddenly all alone
you weigh your head in your hands.

The faithful things fall quiet. The earth and forests—
everything recalls you silently.

And you yourself will know in this silence, that you are
the deepest depth.

It comes to everyone once.
It comes to us and it comes to you.
That suddenly in isolation
a man leans his head as if weighing it in his palms.

The faithful things are silent. The earth and forests—
everything prompts him quietly.

And you yourself in silence will know, that you are
the depth.

From the Slovak by Viera and James Sutherland-Smith

Odkaz

Nevieme, čo je v nás. Kde pramení
voda v hrsti a slza na líci.

Nevieme, čo je v nás. A básnici
hľadajú prameň, blázni: zabijú
tú vločku snehu na zvedavej dlani.

Pridaj sa, plač a vypi všetko s nami.
Alebo súď až do konca,
až budeš mimo smädu,
so smädným telom dolu pod sebou.
Vztýč ťažkú sochu na podstavci z hliny.

Sám,
ničí ako Boh,
súď potom svoje viny.

LEGACY

We don't know what is in us. Whence springs
the water on one's palms and the tear on one's cheek.

We don't know what is in us. And the poets
search for the source, the fools: they'll kill
this snowflake on their curious palm.

Come join us, weep, and drink it all up with us.
Or judge until the very end,
until you're beyond all thirst,
your thirsty body down below you.
Erect the heavy statue on the clay plinth.

Alone,
nobody's, like God,
then judge your guilt.

Ľan na rubáš

Nevieme, riekol.
Nevieme,
kedy smrť zaseje
ľan na rubáš.

To plátno
prichádza hotové
a za hotové,
nikdy nie na úver.

A predsa:
musí byť počiatok,
kde zlaté hlávky ľanu
smrť lúšti v prstoch.
Jeho semienka
sa lesknú ako slzy.

A nikto nepočuje
údery bidla,
keď dolu plátno tkajú.

LINEN FOR A SHROUD

We don't know, he said.
We don't know
when death sows
flax for the shroud.

That cloth
comes all ready
and for ready cash,
never on credit.

And yet:
there must be a beginning,
when death in her fingers
husks the golden heads of flax.
Its little seeds
glisten like tears.

And no one hears
the striking of the frame
when the cloth is woven down below.

Lišajník

Staroba, hrajúca sa na mladosť,
nie, nemusí byť smiešna.
Tu i šedivé
je krásne.

A čo potom krása?
Kam nás vedie?
K životu a či k smrti?

Blázon. Nieto rozdielu
medzi životom a smrťou. Všetko je
bytie.
A teda všetko mu je dobré.

Na mŕtvom kmeni tak si zapíska,
že i Faun môže mu len závidieť
tú plodnosť.

LICHEN

Old age playing at youth
need not be ridiculous, no.
Here even gray
is beautiful.

So what about beauty?
Where does it lead us?
To life or to death?

You fool. There is no difference
between life and death. Everything
is Being.
And everything is therefore good for it.

Upon a dead tree-trunk it whistles so.
That even a Faun might envy
its fertility.

Myslel som si

Myslel som si: Pribudne do spomienky,
čím odbudlo ma z bytia,
nič sa nestane.
Budem sa nebadane sťahovať.
Ako piesok v presýpacích hodinách
z priestoru do priestoru,
no stále svoj
a celý.

Myslel som si.
Lenže i zo spomienky odbúda.
Nesťahujem sa, cúvam.
Akoby cúval strom už korunou,
nie lístím.
Áno, i spomienka sa zmenšuje.

No údel...
Údel ostáva ten istý.

I THOUGHT TO MYSELF

I thought to myself: My memories will grow
with what has passed of my existence;
nothing will change.
I'll move imperceptibly:
like sand in an hourglass
from space to space
but always mine
and whole.

I thought to myself.
But memories too are diminishing.
I am not moving, but retreating.
As though a tree were retreating with its crown,
not with its foliage.
Yes, even memory is shrinking.

But destiny...
Destiny remains the same.

Sestrička nádej

Ani ja nemám inú voľbu
ako, súc živý, žiť.
A každý deň
do každej jeho chvíle
vodím si presne zničiteľné telo.
A keďže nádej morzeuje: život,
zatiaľ čo beznádej predbieha možnú smrť,
je rozhodnuté za mňa—
straním nádeji.

Môžete si ma kedykoľvek nájsť
blízko jej skrytých ciest.
Hovoriaceho či tichého.

Ja strážim ľudský sen.
A trvám
tam, kde stojím.

Nie som k vám hrubý.
Iba sa o vás bojím.

SISTER HOPE

Even I have no other choice
than, being alive, to live.
And every day,
into its every moment,
I guide my destructible body with precision.
And if hope Morse-signals: Life,
while hopelessness outruns possible death,
the decision has been made for me—
I side with hope.

You can find me anytime
near its hidden paths.
Talking or silent.

I guard the human dream.
And I hold out
where I stand.

I am not rude to you.
It's just that I worry about you.

Sú cesty

L. Novomeskému

Sú cesty, tvrdo poznačené
mužovým hnevom.
Cesty, kde vychýli sa náklad
a hrozí pádom.

Vtedy muž
vystúpi naň
a na protivnú stranu
zaváži všetkým, čím je.
Ponúka
v tej chvíli všetko, čo má po mene.
Až narovná sa k pádu sklonené.

Tu zostúpi a ďalej ide pešo.
Nelačný chvály, vlažný k výplate.

A koľaj,
koľaj vrytá do zeme,
mu povie, čo má vyhraté.

THERE ARE ROADS

(for Laco Novomeský)

There are roads deeply marked
by a man's anger.
Roads where the cargo shifts
and threatens to spill.

Then the man
steps on top of the load
and weighs in with everything he is
on the opposite side.
He offers
at that moment everything he has to his name.
Until he straightens what had threatened to fall.

Then he gets off and continues on foot.
Not desiring praise, tepid to reward.

And the wheel track
carved into the earth
will tell him what he's achieved.

Človek

G. Valachovi

V útrobách zeme víťazí.
I v kozme.
Pod korytami riek.
A na dne morí.

A predsa
všetko sa lomí na tom,
kto sme.

Sme Bytosti.
Alebo sme len tvory.

MAN

(for Gustáv Valach)

He triumphs in the bowels of the earth.
And in the cosmos.
Beneath the river beds.
And in the depths of the sea.

And yet
everything crumbles on this,
who we are.

We are Beings.
Or we are only beasts.

Janošik (1944)

Time of Partings

Ah, mankind, that fine rain
beating persistently on the windows
of an empty house inhabited by
no one!

Tam, kde si obri vybavujú účty,

nechodieva sa strednou cestičkou.

Áno, tráva
vie, môže uhnúť vetru pod chodidlom.
Pritajiť sa a prežiť, vzápätí
vyrovnať chrbát ako keby nič,
pokračovať...

No kmeň vždy vyčnieva
a proti živlom hovorí si svoje.
Bez ústupu.

Tak teda nielen slabí,
i mocní majú svoje peklo na zemi.
A jeho tresk a ryk
a boje, boje...

Les po víchrici,
plný stratených.

WHERE GIANTS SETTLE THEIR ACCOUNTS

one doesn't choose a narrow middle way.

Ah yes, the grass
is wise, it can avoid the wind under your soles,
hide and survive, and presently
straighten its back as if nothing had happened,
and carry on...

But the trunk always stands forth
and has its say to the elements.
Without retreat.

Thus the weak are not alone,
the mighty, too, have their hell on earth.
And all its crash and roar
and struggles, struggles...

A forest after a storm,
full of lost souls.

V starom lese

Po detsky som si myslieval,
že Pánboh chodí lesom.
Že k nemu vedie chodníček
najvoňavejším vresom,
anjeli stoja v pozore
okolo jeho chyžky
a krídla majú zelené...

Kedysi taký blízky,
ako si dnes už ďaleko!
Aká je hora sama!

Len chodníček je ten istý.
A vedie do neznáma.

IN THE OLD FOREST

I used to think, childishly,
that God walked through the forest.
And that a path led to him
through the most fragrant heather;
angels standing at attention
around his little shack
and they have wings of green...

Once you were as close
as today you have become distant!
How alone is the forest!

But the path is the same.
And it leads to the unknown.

Chvála života

Nič nemáš zadarmo.
Za danajský dar piesne,
za bytie, za radosť,
za chvíle v sne i nesne
platil si dobierkou.

Až Strom uroní list
a tvoje má dať dal
si spočíta a presne,
nebude veľa dlhov,
môžeš ísť.

Ale ty nepôjdeš.
Budeš sa chcieť vrátiť.
A tvoja úzkosť možno povie to.

—Mám dlhy, Pane môj.
Nechaj ma ešte platiť.
Podrž ma v službe.
Aspoň o leto.—

IN PRAISE OF LIFE

Nothing is given free.
For the Greek gift of song,
for living and for joy,
for moments of dream and dreamlessness,
you've paid the bill.

When the Tree sheds its leaves
and your IOU and payment
balance is struck, precise,
there won't be many debts,
and you can leave.

But you won't leave.
You'll want to return.
And your anxiety will give it away.

"I still have debts, O Lord.
Grant me the time to pay.
Keep me in your service.
At least a year."

Korene

Mať kdesi korene.
Teda byť niečí.
Patriť.
Tak osudovo,
neodvolateľne,
že odchod znamenal by smrť.

Ach, strom!
Tvoj osud uchvacuje nás i desí.
Ty ozaj nie si vlažný,
nie si.
Jednoznačný,
až do záhuby seba,
vo meno svojho dreveného chleba
stojíš a držíš.

Ako ten, ktorý hodil svoje kocky
hneď na začiatku
a vsadil na jediné.

Korienok pustiac,
vlas Boha v nahej hline.

ROOTS

To have roots somewhere.
Thus, to be somebody's.
To belong.
So fatefully,
irrevocably,
that departure would mean death.

Ah tree!
Your fate both fascinates and terrifies us.
You are truly not indifferent,
oh no.
Unambiguous,
to the point of self-destruction,
in the name of your wooden bread
you stand and hold firm.

Like one who cast his dice
at the very beginning
and bet on one thing only.

Putting out a tiny root,
a hair of God in naked clay.

Tak

Tak odchádzame. Denne. Stá a stá.
Zdivený básnik, márne volanie.
A kadlúbka, čo po nás ostane,
sa časom vyplní. Tá jamka, vyhĺbená
kvapôčkou tela... Všetko zarastá
nezničiteľnou trávou, obilím.

A iný bude chodiť po kolená
v chlebe, na ktorý zdola spomínaš.
A iný chrbát ako tetiva
sa vypne, vystrelí...

Ach, ľudstvo, drobný dážď,
klopúci vytrvalo na okná
prázdneho domu, v ktorom nebýva
nikto!

A iba hlad dá na to zabudnúť.
Nie príliš veľký.
Hlad. Nie príliš malý.
Hlad, v ňom sme jedli chlieb,
hlad, v ňom sme milovali.

THUS

Thus we depart. Daily. By the hundreds.
The startled poet. Vain cries.
The hollow trunk that we leave behind
fills up with time. The hole dug by
that small drop of a body... All gets overgrown
by indestructible grass, by grain.

And someone else will walk knee-deep
through the bread-grain you remember from below.
Some other back, like a bow-string,
will tighten and shoot...

Ah, mankind, that fine rain
beating persistently on the windows
of an empty house inhabited by
no one!

And only hunger will allow us to forget.
Not too great a one.
Hunger. Not too slight a one.
The hunger in which we ate our bread.
The hunger in which we loved.

Čas odchodov

Čas odchodov, čas krátkych pobudnutí
v odďaľovaní rozlúčky.

I oblakom
je ľúto za zemou.

Ich vzducholoď
meškáva v dolinách do obedného zvona.
Ľahká a mĺkva, utkaná
z dychu a spomienky.

A za krotkého jasna
ku zemi, náhle skúpej na slová,
z nej volá smutná duša Faustova:

„Zotrvaj ešte chvíľu, moja krásna."

TIME OF DEPARTURES

The time of departures, time of brief advice
to stave off separation.

The clouds too
regret leaving the earth.

Their airship
lingers in the valleys until the midday bell.
Light and wordless, spun
from breath and memories.

And in the obedient clear air
to an earth, all at once short with words,
the sad spirit of Faust calls out:

"Stay on a while, my beloved."

Len tak

Len tak
a stále tri dni pred stvorením
je tento národ.
Hruda počatá
dejinami, ich bruchom pokoreným
prenášaná.
A nič sa neráta
ľútosť, nič hnev, môj mlčanlivý hráč.

Len slepec osud takto zanevrie.
Tak nevidomo udrie, že tu plač
nepomáha a bolesť nemá zmyslu.

A tomu dole,
tomu na dreve,
dá hubu s octom,
polievočku kyslú.
Dá chlieb, že kameň pod zubami škrípe,
keď zahrýza.

Len tak. Len tak.

Na jeho smiešnej heraldickej lipe
spievajú vrabce svoje čimčara.

Už ani Pánboh sa oň nestará.
Zabúda ho.

JUST SO

Just so
and still three days before creation
this nation is.
A clod of earth, conceived
by history, carried in its humbled
belly.
And nothing counts—
not pity, nor anger—my silent player.

Only the blind man, Destiny, comes to hate.
Strikes so blindly that tears
don't help here and pain has lost its meaning.

And to the one below,
the one on the wood,
he gives a sponge with vinegar,
a sour soup.
Gives him bread so stone grates between his teeth
when he bites.

Just so, just so.

On his ridiculous heraldic lime-tree
the sparrows chirrup.

Not even God watches over him any more.
He is forgetting him.

Zbohom literatúre

Odzvonené. I sebamenšej pýche.
Všetko už zašlo v geste nesmelom.
Ani len šepnúť nahlas—také tiché
je to, čo teraz nazval údelom.

Už nič, už nič, už aj tá holá veta
sa pred bytím jak nahá ostýcha.
Už nič, môj Pane.
Na prahu toho sveta,
kde všetky cesty vedú do ticha.

FAREWELL TO LITERATURE

Rung out and away. Dregs of pride, too.
Everything already gone in a gesture, timidly.
Not even to whisper out loud—so quiet
Is what he now terms destiny.

Nothing more, nothing more; even the bare sentence
goes bashful, as though naked, before Being.
Nothing more, my Lord.
On the threshold of that world
where all roads lead to silence.

Večiereň

Prečože do básne už môžem iba s Tebou?
Ostarel som?
Čo sa mi stalo, Bože?
V ústach mi horkne chuť,
chuť každodenných chlebov.
Žiadam už viac, než človek vie a môže?

Útek od živého?
Či cesta za kolískou?
Čas adventu alebo rozlúčky?
Že si mi po rokoch na dosah ruky blízko,
ako vieš byť len deťom blizučký.

Sila je to, či slabosť?
Na smiech svetu,
idúcemu už inam ako ja...
Ale som, aký som.
Aj svet je, aký je tu.
A ja v ňom nenájdem chvíľočku pokoja.

Mať rád
je privodiť si možné utrpenie.
A stáť v tom hazarde,
ním premožený hráč.
A nemať na zemi miestečko utajené,
kam nedoľahne plač.

Dedičný ľudský plač.

EVENSONG

Why can I come to a poem only with You?
Have I grown old?
What has happened to me, Lord?
There's a bitter taste in my mouth,
the taste of daily bread.
Do I ask for more than a man can know or do?

An escape from the living?
Or a way towards the cradle?
A time of advent or farewells?
That for me after years you're within a hand's breadth
just as you can only be to children.

Is it strength or weakness?
To the ridicule of a world
going somewhere other than I...
But I am as I am.
And the world is as it is.
And I won't find a moment's peace there.

To love
is to take on the chance to suffer...
And to endure the hazard,
as a player vanquished by it.
And not to have a secret place on earth
where weeping cannot reach.

The heritage of human tears.

Balada o ľudskom srdci

J. Števčekovi

Len nehľadané
sa bez bolesti stráca.
Dar rúk je všetko, čo je na stole.
Všetko je túžba, úsilie, nápor, práca.
Ešte aj zvon
vie, čo sú mozole.

Ach, jazvy zvonov, srdcom vytlčené:
prijať úder a pod ním vydať tón.
Ľuďom sa pritom stáva
—v Božom mene—
že srdce, živlom príliš otvorené,
zjazví sa skôr
než samučičký zvon.

Kto hnetie nás,
ten vie, čo nevie veža
a zvony v nej: že nie sme ako ony.

Že ľudské srdce nesmie byť zo železa.
Pretože nielen udiera.
Aj zvoní.

BALLAD ON THE HUMAN HEART

(for Ján Števček)

Only the unlooked for
is lost without pain.
A gift of hands is all that's on the table.
Everything is desire, effort, tension, work.
Even a bell
knows what calluses are.

Oh the scars of bells, beaten by the heart:
to accept a blow and from it create tone.
It happens like this to people
—in the name of God—
that the heart, too open to the elements,
will scar sooner than
the isolated bell.

Whoever moulds us
knows what the tower doesn't know
or the bells within: that we aren't like them.

That the human heart can't be made from iron.
For not only does it beat.
It rings.

Závet

Nemýľte sa. Tam, kde dajú, proste.
Tam, kde majú, nech vás ochránia.
Domov—to je tiež len čosi prosté.
Ako slovo v chvíli poznania.

To je iba nestratiť sa cestou.
Duchu patrí celý šíry svet.
Ale domov, to je také miesto,
kde je ľuďom ľahšie žiť i mrieť.

Domov, to je pásť si na povrázku
vánky, ktoré bralom hýbajú.
Nehanbíš sa za hnev ani lásku.
Veď si nechcel iné—iba ju.

TESTAMENT

Don't be misled. There where they give, plead.
There where they have, leave yourself in their keeping.
Home—it is also something simple.
Like a word at the moment of knowing.

It means just not to be lost on the way.
The whole wide world belongs to the Spirit.
But home, this is the place
where it's easier to live and to die.

Home, it is to graze on a tether
breezes, which can move a crag.
You aren't shy of love or anger.
For you wanted nothing else—just her.

Môj vzorec

Hovorím, čo som hovoril,
a sám viac neviem o tom.
Ktosi mi dvere otvoril
objať sa so životom.

Ktosi mi slová posiela.
A práve také slová—
košieľku z ramien anjela,
čo letel do domova.

Hovorím to, čo hovorím,
a konám to, čo musím.
A časy tiahnu pohorím.

A drobným krôčkom husím
potichu šliapu moje dni
po darovanej hrude.

Ktorý z nich bude posledný,
neviem, len viem, že bude.

MY FORMULA

I say what I said
and I myself know nothing more.
Someone opened up a door
for me to embrace life.

Someone sent words to me.
And words so exactly right—
a shirt from an angel's shoulders
who was flying to a home.

I say what I say
and do what I have to do.
And the times cross the mountains.

And with the tiny steps of a goose
my days tread quietly
on the piece of earth granted me.

Which of them will be the last,
I don't know, only that it will be.

A to je pravda

I bolo návštev za jeden život.
Bolo:
bol hlad a sučka-smrť
a za ohradou bieda
prestupovala, čakávala v skrýši,
kedy sa kto zas pomýli
a vypije si o pohárik viacej
z tragédie,
a v noci pod dlážkou
hryzkala starosť ticho ako myši.

Však pýtaj sa ich:
Kto k vám chodieval?

Tu v čase, keď im dych už odtrháva z vety,
prikryjúc všetko zlé,
tak povedia:
Chodievala k nám zem a nosila nám kvety.

A to je pravda.

AND THAT'S THE TRUTH

So many visitors there were in one life.
There were:
There was hunger and the bitch death,
and just outside the fence poverty
wandered, waited in hiding
for someone to err
and drain one cup more
of tragedy,
and then at night under the floor boards
worry gnawed as quiet as a mouse.

But ask them:
Who came to see you?

And then, when their breath fails them mid-sentence,
they will say,
covering over all the bad:
The earth came to us and brought flowers.

And that's the truth.

Vojnovy Väzen (Prisoner of War) (1944)

Rúfus' Life and Works

Milan Rúfus, who had passively opposed the Communist regime by raising the themes of human values, God, Christian morality, human destiny, and homeland as space for man's creativity, labor and victory over a bitter fate, became a kind of a national conscience for Slovakia and its people. He has received all major awards and prizes in his native country and has been a Nobel Prize candidate for the last fifteen years.

Rúfus made a belated debut with *When We Have Matured* (Až dozrieme 1956), while his real first volume, *A Boy Paints a Rainbow* (Chlapec maľuje dúhu), written in the early 1950s, couldn't appear before 1974. Books of poetry followed: *Bells* (Zvony, 1968); *A Triptych [When We Have Matured, A Boy, In No Man's Land]* (Triptych [Až dozrieme, Chlapec, V zemi nikoho], 1969); *People in the Mountains* (Ľudia v horách, 1969—accompanying photographs by M. Martinček); *Table of the Poor* (Stôl chudobných, 1972); *A Cradle Sings to Children* (Kolíska spieva deťom, 1974); *Music of Shapes* (Hudba tvarov, 1977—accompanying paintings by L. Fulla); *The Mountain* (Hora, 1978—accompanying photographs by M. Martinček); *Ode to Joy* (Óda na radosť, 1982); *Strict Bread* (Prísny chlieb 1987); *A Late Self-Portrait* (Neskorý autoportrét, 1992); *Reading from Fate* (Čítanie z údelu, 1996); Psalms on the Innocent (Žalmy o nevinnej, 1997); *Dragonfly* (Vážka, 1998); *Simple Even to the Little Roots of Her Hair* (Jednoduchá až po korienky vlasov, 2000); *Time of Timid Questions* (Čas plachých otázok, 2001); *What We Are Walking Upon* (Po čom to chodíme, 2001—accompanying paintings by V. Kompánek); *Chicory* (Čakanka, 2003); and *Poem and Time* (Báseň a čas, 2005).

Rúfus has written very successful books for children, on children, and on childhood: *A Book of Fairy Tales* (Kniha rozprávok, 1975); *Saturday Evenings* (Sobotné večery, 1980); *Merry Fairy Tale, Stay for a While* (Rozprávočka veselá, zostaň ešte s nami, 1985); *A Little Well* (Studnička, 1986); *Silent Fern* (Tiché papradie, 1990); *Little Prayers* (Modlitbičky, 1992); *Petals from Apple Trees* (Lupienky z jabloní, 1993); *Little Zodiac* (Zvieratníček, 1994—accompanying paintings by V. Kompánek); *Album. Prayers for a Child* (Pamätníček. Modlitby za dieťa, 1995).

He has made a major contribution to Slovak essayistic literature with: *Man, Time, and Work* (Človek, čas a tvorba, 1968); *Four Epistles to the People* (Štyri epištoly k ľuďom, 1969); *On Literature* (O literatúre, 1974); *Epistles Old and New* (Epištoly staré a nové, 1996); *Conversations with Myself and with You* (Rozhovory so sebou a s tebou, I, II, 1998, 1999); and *Life of a Poem and Poem of Life* (Život básne a báseň života, 2002).

As a translator, Rúfus has dedicated himself to the work of the Russian poets S. Jesenin, M. J. Lermontov, A. S. Pushkhin; of the Czech poets J. Seifert and F. Hrubín; and to the biblical books *A Book of Psalms* and *The Lament of Jeremiah*. He also translated H. Ibsen's play *Peer Gynt*. *The Complete Works of Milan Rúfus* are being published in 16 volumes, beginning in 2002. Six volumes will be available by 2006.

Milan Rúfus was born on 10 December 1928, in Závažná Poruba, Slovakia. Between 1948 and 1952, he studied Slovak and history at Comenius University in Bratislava. After graduation he remained at the university to lecture on 19th and 20th century Czech literature until his retirement in 1990. In 1971–1972, he lectured on the Slovak language and literature at the Instituto Universitario in Naples, Italy. Rúfus lives in Bratislava.

Rúfus' poetry has been widely translated—by now into more than 30 languages. His selected poems have appeared in Hungarian, Czech, Polish, Belorussian, Georgian, Lithuanian, Italian, Serbian, Ukrainian, Spanish, German, Bulgarian, Russian, Romanian, Macedonian, French, and Norwegian. His selected essays have been translated and published in Czech, Hungarian, and Russian.

MILAN RICHTER

Koloman Sokol Biography

Koloman Sokol (Dec. 12, 1902, Liptovský Mikuláš–Jan. 12, 2003, Tuscon, Arizona) was a painter, graphic artist, illustrator. He is a founder of modern Slovak graphic art.

As a result of his early studies in Kosice and Bratislava, he was accepted by the Academy of Fine Arts in Prague where he was a student of Max Svabinsky and T. F. Simon (1925–32). He won a scholarship to study in Paris for a year during this time as well. From 1937–41 he was professor of graphic techniques at the Escuela de las Artes del Libro and at the university in Mexico City. Initially he concentrated on graphic techniques, which he later enriched by drawing and painting. Between 1942 and 1946 he lived in New York and in 1946 he returned to Czechoslovakia where he taught at the Slovak Technical University in Bratislava. In 1948 he left for the United States and lived in Bryn Mawr, Pennsylvania.

His paintings are dramatic, and he created a Slovak variation of European expressionism. Artistic, ethnic and social aspects merge in Sokol's work. The only motive of his works is man, and Sokol is not bound to a national specificity. He reveals penury and suffering, and his works depict human pain.

His most important works include: *Za ciel'om (baníci)*—Towards the Goal (Miners); *Traja králi*—The Three Magi; *Bača*—Shepherd; *Nárek*—Lamentation; *Nový mexický zákon*—New Mexican Law; *Bitka žien*—Women's Fight; *Matka s diet'at'om*—Mother with Child; *Na ceste*—On the Road; *Stretnutie*—Meeting.

After living most of his adult life in the United States, Sokol died in 2003 at the age of 100.

Shortly before his death, the Slovak Embassy in the United States honored his contributions to the art world when they named their art gallery the "Koloman Sokol Gallery."

Index of Translators

EO: Ewald Osers
JSS: Viera and James Sutherland-Smith

Acknowledgments

My thanks for critiquing the original translation goes to Virginia M. Parobek, Donna Schmitz, and Dr. Lucy Bednar of Dobsinsky fame. I gratefully acknowledge the careful revisions and editing done by Dr. David L. Cooper, also of Dobsinsky fame. I could not have published this first English version of Milan Rúfus without Dr. Cooper's labors, dedication, and patience. He in turn, acknowledges the kind assistance he received from Katerina Maxianova.

Thanks to Dr. George Sokol, son of Artist Koloman Sokol, for permission to use his father's art, gratis.

Mr. Ivan Reguli of Bratislava coordinated my work with Dr. Milan Richter, Mr. Ewald Osers, and Mr. and Mrs. Viera and James Sutherland-Smith.

To Rúfus, our most prominent Slovak poet, I offer my apologies for the unavoidable end result that all translations of poetry are inadequate; but I do thank him for an opportunity to bring these selections to the English-speaking world and to read his poetry with my colleagues in depth.

Ladislaus J. Bolchazy, Ph.D.,
Publisher